LESESTUFE 1

DK SUPERLESER!
Alarm im Dino-Museum

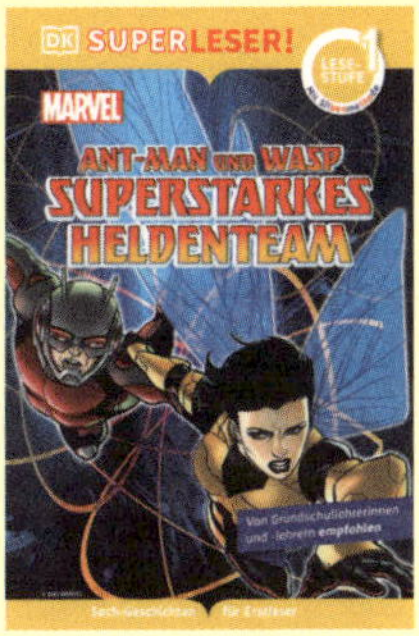
DK SUPERLESER!
MARVEL
ANT-MAN UND WASP
SUPERSTARKES HELDENTEAM

GROGUS ABENTEUER

DK SUPERLESER!
BATMAN
BATMANS WELT

DK SUPERLESER!
MARVEL
CAPTAIN MARVEL
SUPERSTARKE HELDIN

DK SUPERLESER!
WOOZLE GOOZLE
GENIALE TIERE

DK SUPERLESER!
WOOZLE GOOZLE
WELTRAUMABENTEUER

DK SUPERLESER!
Hallo, Igel!

DK SUPERLESER!
Insekten
top getarnt

DK SUPERLESER!
Nachwuchs
bei uns im Zoo

DK SUPERLESER!
Tiere des Regenwalds

Dieses **MARVEL Avengers** Buch gehört:

DK | Penguin Random House

Lektorat Sadie Smith, Lauren Nesworthy, Julia March, Laura Gilbert, Ruth Amos, Margaret Parrish, Julie Ferris, Simon Beecroft
Gestaltung und Bildredaktion Robert Perry, Maxine Pedliham, Lisa Lanzarini, Dynamo Limited, Vicky Short
Herstellung Siu Yin Chan, David Appleyard, Mary Slater

Text Alastair Dougall

Für die deutsche Ausgabe:
Verlagsleitung Monika Schlitzer
Programmleitung Heike Faßbender
Projektbetreuung Sebastian Twardokus
Herstellungsleitung Dorothee Whittaker
Herstellungskoordination Bettina Bähnsch
Herstellung Christine Rühmer

Titel der englischen Originalausgabe:
Marvel Avengers: The Greatest Heroes,
Marvel The Avengers Battle Against Ultron (Sachseiten)

Überarbeitete Neuausgabe

Übersetzung Simone Heller
Lektorat Linda Sturm-Becker
Satz Roman Bold & Black, Köln

ISBN 978-3-8310-4797-0

Druck und Bindung TBB, a.s., Slowakei

MIX
Papier | Fördert gute Waldnutzung
FSC® C022120
FSC www.fsc.org

www.dorlingkindersley.de

MARVEL

THE AVENGERS

Die Welt der Superhelden

Inhalt

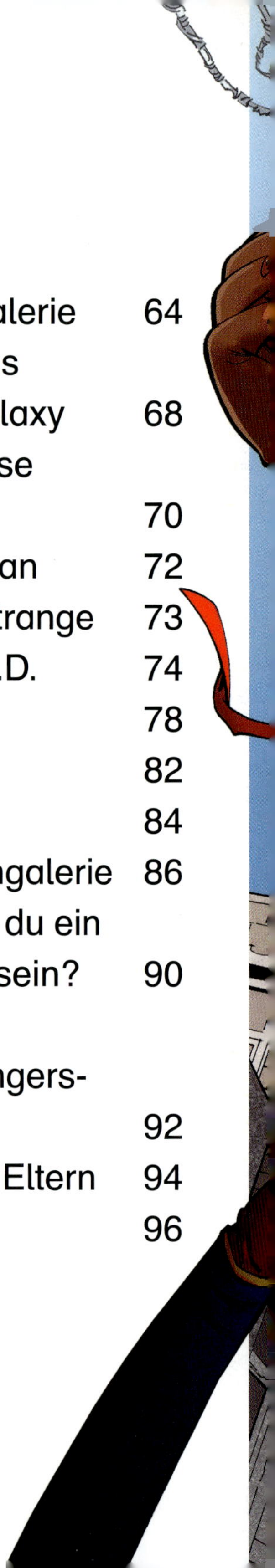

Die Avengers schützen die Welt gemeinsam vor Bedrohungen, denen ein einzelner Held nicht gewachsen ist.

Wer sind die Avengers?

Die Avengers sind die mächtigsten Helden der Welt. Doch zusammengebracht hat sie ausgerechnet ein Superschurke! Dieser Schurke war Loki, der Gott des Unheils aus Asgard. Loki beneidete seinen heldenhaften Bruder Thor. Er wollte den Hulk benutzen, um Thor zu vernichten. Doch anders, als er es geplant hatte, kamen noch andere Helden ins Spiel – Wasp, Ant-Man und Iron Man. Durch ihre vereinten Kräfte wurde Loki besiegt!

Ein Team entsteht

Ant-Man und Wasp überzeugten Iron Man und Thor, weiterhin zusammenzuarbeiten. Gemeinsam waren sie beinahe unschlagbar. Auch Hulk wollte dabei sein. Wasp schlug den Namen „Avengers“ vor. Seither sind fast 130 Helden Avengers geworden, und es werden immer mehr. Mitglieder kommen und gehen, doch das Ziel der Avengers bleibt immer dasselbe: Sie wollen die Menschen der Erde beschützen.

Die Avengers-Satzung

Die Avengers brauchen Regeln, damit alle problemlos zusammenarbeiten. Außerdem sorgen die Regeln dafür, dass die Avengers nicht zu mächtig werden und auf die Meinung der Öffentlichkeit pfeifen, anstatt den Menschen zuzuhören!

Iron Man Tony Stark verfasste die Avengers-Satzung. Hier sind einige der wichtigsten Regeln:

- ★ Die Avengers schwören, die Erde und alle Menschen vor Bedrohungen zu schützen, die Armeen und Polizei überfordern.
- ★ Die Mitglieder sollen mit Gesetzesbehörden zusammenarbeiten.
- ★ Kein Mitglied darf das Gesetz selbst in die Hand nehmen.
- ★ Verbrechen führen zum Ausschluss.
- ★ Personen jeder Rasse, Glaubensrichtung, Hautfarbe, Nationalität und jeden Geschlechts können Avenger werden.
- ★ Avengers müssen dem Ruf zur Versammlung folgen.
- ★ Alle Avengers haben die Erlaubnis, ihre bürgerliche Identität geheim zu halten.
- ★ Die Mitglieder haben unbeschränkten Zugang zum Hauptquartier in der Avengers-Villa und zu Fahrzeugen, Ausrüstung und Waffen.

Avengers-Fakten

Iron Man, Ant-Man, Wasp, Thor und der Hulk gründeten die Avengers. Captain America kam dazu, nachdem man ihn eingeschlossen im Eis entdeckt hatte. Dann wurde auch Hawkeye Teil des Teams. Später stieg Vision ein.

CAPTAIN AMERICA

Echter Name: Steve Rogers
Beruf: Abenteurer, S.H.I.E.L.D.-Agent, Anführer der Avengers
Kräfte/Talente: Erhöhte Stärke, Geschwindigkeit und Ausdauer. Box- und Kampf-Experte

IRON MAN

Echter Name: Anthony „Tony“ Stark
Beruf: Geschäftsmann
Kräfte/Talente: Genialer Erfinder. Iron Mans Rüstung verleiht ihm Kraft und Geschwindigkeit. Er kann damit sogar fliegen.

THOR

Echter Name: Thor Odinson
Beruf: Prinz von Asgard, Gott des Donners
Kräfte/Talente: Stärke und Ausdauer eines Gottes, mit größerer Lebensdauer. Beherrscht Donner und Blitze.

DER HULK

Echter Name: Robert Bruce Banner
Beruf: Wissenschaftler
Kräfte/Talente: Endlose Stärke und Ausdauer. Kann etliche Kilometer weit springen. Erholt sich schnell von Verletzungen.

HAWKEYE

Echter Name: Clint Barton
Beruf: Gesetzloser Abenteurer, war früher beim Zirkus
Kräfte/Talente: Weltklasse-Schütze mit unfassbaren Reflexen und Hand-Auge-Koordination. Naturtalent im waffenlosen Kampf.

WASP

Echter Name: Janet van Dyne
Beruf: Abenteurerin
Kräfte/Talente: Fliegt bis zu 65 km/h schnell. Kann mit den Pym-Partikeln klein wie ein Insekt oder groß wie ein Haus werden.

ANT-MAN

Echter Name: Henry „Hank“ Pym
Beruf: Biochemiker
Kräfte/Talente: Kann sich auf die Größe einer Ameise schrumpfen. Über seinen Helm spricht er mit Ameisen.

VISION

Echter Name: Vision
Beruf: Abenteurer
Kräfte/Talente: Kann seine Dichte verändern. Schießt Solarenergie aus den Augen und dem Edelstein auf seiner Stirn. Übermenschliche Intelligenz und Kraft.

Iron Man

Der Ingenieur Tony Stark ist ein Genie, Milliardär und der Besitzer von Stark Industries. Seine Firma stellt brandneue Technologien und Fahrzeuge her. In der Öffentlichkeit gibt sich Tony gern sorglos und draufgängerisch, aber durch seinen Reichtum lebt er in ständiger Gefahr.

Flucht aus Gefangenschaft

Vor einiger Zeit geriet Tony auf einer Geschäftsreise in eine Explosion. Dabei setzte sich ein Granatsplitter dicht an seinem Herzen fest. Ein skrupelloser Schurke nahm Tony gefangen. Er kannte Tonys Ruf als Erfinder und wollte, dass er ihm Waffen baute. Stattdessen schuf Tony eine Panzerrüstung mit einer Brustplatte, die sein Herz weiterschlagen ließ. Mit dem Anzug schlug er sich in die Freiheit durch.

In seinem Labor stellt Tony Iron-Man-Anzüge her, repariert sie und entwickelt sie weiter.

Unglaubliche Rüstung

Tony hat mit dem Anzug sein eigenes Leben gerettet. Aber bald wird ihm klar, dass diese Erfindung die Welt zu einem besseren Ort machen kann. Er will die perfekte Rüstung und erneuert sie ständig. Der Anzug lässt nicht nur sein Herz weiterschlagen, er erzeugt auch ein schützendes Kraftfeld und verleiht Tony übermenschliche Stärke und die Fähigkeit, unfassbar schnell zu fliegen. Bewaffnet ist er unter anderem mit Repulsorstrahlen in den gepanzerten Handschuhen. Und der Uni-Strahl auf der Brust kriegt beinahe alles klein!

Streit unter Helden

In seiner Rüstung ist Iron Man beinahe unverwundbar – er ist eine wahre Zerstörungsmaschine. Seine rücksichtslose Art führt ihn oft zu unbesonnenen Entscheidungen. Manchmal gerät er deshalb mit Captain America aneinander, einem anderen wichtigen Mitglied der Avengers.

Hauptquartier der Helden

Iron Man möchte gerne immer bestimmen, ist aber auch großzügig. Er unterstützt die Avengers in guten und in schlechten Zeiten und versorgt das Team mit Geld, Ausrüstung und Fahrzeugen. Er überlässt den Avengers sogar die Familien-Villa der Starks als Basis. Als sie zerstört wird, verlegt Iron Man das Team in seinen Wolkenkratzer, den Stark Tower.

Iron Mans Raketenstiefel katapultieren ihn durch die Erdatmosphäre ins Weltall.

Iron Mans Rüstung

Iron Mans Anzüge verleihen ihm Stärke und Schnelligkeit, spätere Modelle lassen ihn sogar fliegen. Er verbessert sie, um sich an neue Gegebenheiten anzupassen.

Ein experimentelles Serum lässt Tony die Rüstung mit seinen Gedanken steuern.
Überzug zur Radar-abwehr
Starke Mini-bomben in den Hand-schuhen
Ein goldener innerer Anzug in Tonys Knochen verbindet sich mit den roten Teilen.
Raketenstiefel zum Fliegen auf der Erde und im All
Die Rüstung verhindert, dass Zielerfassungssysteme sie anvisieren.

Ant-Man

Der geniale Erfinder Hank Pym entdeckt winzige Teilchen, die Einfluss auf Masse und Größe haben. Diese Teilchen, die Pym-Partikel, lassen Hank auf die Größe einer Ameise schrumpfen oder sogar noch kleiner! Hank entwickelt einen Helm, um mit Ameisen zu sprechen. Bald verfügt er über eine Ameisen-Armee.

Ant-Man kann Ameisen befehlen, seine Feinde anzugreifen oder ihn vor Schaden zu bewahren.

Ein neues Leben als winziger Superheld Ant-Man wartet auf ihn!

Größer und kleiner

Ant-Man verbündet sich mit seiner Freundin Janet van Dyne, die als Wasp mit ihm Verbrechen bekämpft. Zusammen gründen sie das Avengers-Team. Aber Hank kommt sich neben mächtigen Helden wie Thor oder Iron Man komisch vor – er ist so klein! Er passt die Formel der Pym-Partikel an, um sich in Giant-Man zu verwandeln, und wird gut 30 Meter groß. Das ist sogar Hank zu viel, daher wird er dann der 7,6 Meter große Goliath.

Tödliche Schöpfung

Am meisten bereut Hank, dass er den fiesen Roboter Ultron erfunden hat, der die Menschheit auslöschen will! Hank möchte den Schaden wiedergutmachen und unterstützt viele Ableger der Avengers. Außerdem bringt er Jugendlichen mit Superkräften an der Avengers Academy bei, wie sie zu Helden werden.

Wasp

Ant-Man bekämpft das Böse zusammen mit Janet van Dyne, auch bekannt als Wasp. Als ein außerirdisches Monster Janets Vater tötet, verbündet sich Janet mit Hank, um das Monster aufzuspüren. Hanks Pym-Partikel verkleinern sie auf Insektengröße, und sie wird zur Superheldin Wasp. Ihr wachsen Fühler, über die sie mit Wespen sprechen kann, und Flügel für superschnellen Flug.

Stechende Spionin

Wasp haut rein! Ihre Stärke wird größer, je kleiner sie wird, und aus den Händen feuert sie elektrische Stöße ab, ihre „Wespenstiche“. Wasp verwirrt sehr viel größere Gegner, indem sie um sie herumsaust. Sie ist schwer zu erwischen und kann Bösewichte ausspionieren, sich durch kleine Löcher quetschen und feindliche Maschinen lahmlegen. Von Zeit zu Zeit nutzt Wasp die Pym-Partikel auch, um groß wie ein Haus zu werden!

Obwohl sie so klein ist,
kann Wasp bis zu 65 km/h
schnell fliegen.

Kühne Heldin

Die immer zu Späßen aufgelegte Janet gewöhnt sich schnell an das Leben als Superheldin. Wasp und Ant-Man sind ein tolles Team – Wasps guter Verstand, ihr Sinn für Humor und ihre Begeisterung steigern Hanks Selbstvertrauen. Wasp ist sehr kreativ und schneidert viele coole Superheldenkostüme.

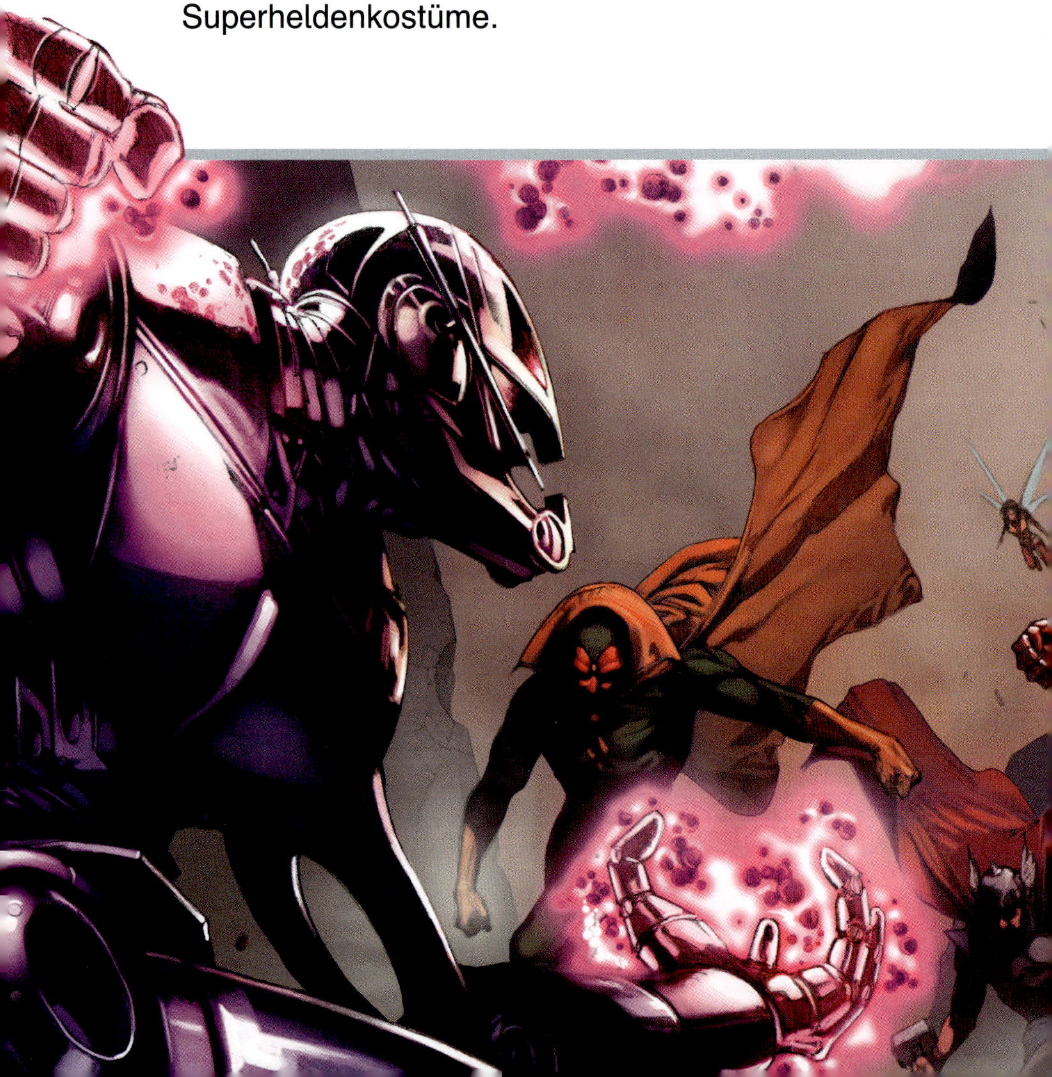

Geborene Anführerin

Wasp spielt eine bedeutende Rolle in der Geschichte der Avengers. Sie ist Gründungsmitglied, schlägt den Namen Avengers vor und hilft bei der Entdeckung des verschollenen Captain America. Sie schlichtet auch ständig Streitigkeiten der anderen Avengers! Wasp heiratet schließlich Hank, aber sie trennt sich von ihm, als er die Avengers verlässt. Wasp bleibt dem Team treu und wird als Anführerin immer wichtiger.

Wasp und die Avengers stehen einem fiesen Feind gegenüber – dem Roboter Ultron.

Thor

Der mächtige Thor ist der Sohn von Odin, dem König der Nordgötter. Wie alle Nordgötter ist Thor unsterblich, er wird also ewig leben. Sein übermenschlicher Körper ist unfassbar stark. Thors Macht kommt von seinem Hammer Mjöllnir. Er besteht aus dem magischen Metall Uru und wurde in Thors Heimatwelt Asgard geschmiedet.

Erstaunliche Waffe

Thor kann Mjöllnir durch einen Gedanken rufen und mit ihm Donner, Blitze, Regen und Wirbelstürme erzeugen. Wenn Thor seinen Hammer auf den Boden schmettert, bebt die Erde. Sobald er seine Macht durch Mjöllnir schickt, kann Thor heftige Schläge austeilen oder verheerende Kraftstöße erzeugen. Thor fliegt mit hoher Geschwindigkeit, indem er Mjöllnir im Kreis wirbelt, während er ihn am Lederriemen hält. Mit dem Hammer kann er auch jede Sprache sprechen und Portale in andere Dimensionen öffnen.

Asgards größter Krieger hat übermenschliche Kräfte und steuert mit Mjöllnir die Elemente.

Verteidiger der Welten

Der mächtige Avenger Thor ist ein tüchtiger Verteidiger von Asgard. Er rettet es oft vor den gemeinen Plänen von seinem eifersüchtigen Adoptivbruder Loki und vor vielen außerweltlichen Bedrohungen. Die Bewohner der Erde haben jedoch einen besonderen Platz in Thors Herzen. Er ist einer der größten Beschützer des Planeten. Stets ist er bereit, dem Ruf zu folgen: „Avengers, versammelt euch!“

Hulk

Genau wie Thor mischte Hulk von Anfang an bei den Avengers mit. Manchmal ist er ein tapferer und treuer Freund, dann wieder eine große Gefahr. Es hängt alles davon ab, welche Seite von Hulks Persönlichkeit gerade die Oberhand hat!

Hulks superstarke Beine zerstören den Boden, wenn er schnell läuft.

Geburt eines Giganten

Wissenschaftler Dr. Bruce Banner entwickelte eine Bombe für die US-Armee. Bei einem Unfall geriet er in eine gefährliche Explosion aus Gammastrahlen. Er wurde zum Giganten – dem unglaublichen Hulk. Inzwischen verwandelt sich Bruce immer in Hulk, wenn er wütend wird.

Zähe Haut

Hulks Kraft ist grenzenlos. Je wütender er ist, desto stärker ist er. Der grüne Gigant schafft in einem Sprung mehrere Kilometer. Sein Körper ist nahezu unverwundbar. Kugeln und Bomben prallen einfach an ihm ab!

Rasende Kraft

Hulk kann eine unaufhaltsame Kraft des Guten sein – oder des Bösen. Armeen sind hilflos, wenn er einen Wutanfall hat. Die Avengers brauchen all ihre Talente, um ihn zu besänftigen. Nicht einmal sie können den aufbrausenden Helden lange bei guter Laune halten.

Mensch oder Monster?

Der Forscher Bruce Banner wurde bei einem Unfall mit Gammastrahlen beschossen. Nun verwandelt er sich in ein riesiges grünes Monster, wenn er wütend wird: den unglaublichen Hulk.

„Wirklich, ich warne Sie: Machen Sie mich nicht wütend!“

HULK
Je wütender der Hulk ist, umso stärker wird er. Mit grenzenloser Kraft, Schnelligkeit und Ausdauer ist er unaufhaltsam. Hulk verabscheut den schwachen Bruce Banner.

BRUCE BANNER
Nach einer schweren Kindheit knüpft Bruce nicht leicht Kontakte, aber er ist besonnen und fürsorglich. Er will verhindern, dass der Hulk seinen Körper übernimmt, kann ihn aber nicht beherrschen.

Captain America

Eines der wichtigsten Mitglieder der Avengers ist Captain America. Doch der mutige Soldat wurde nur durch Zufall zum Avenger! Im Zweiten Weltkrieg wollte Steve Rogers unbedingt für sein Land kämpfen. Er wurde jedoch abgelehnt, weil er zu schwach war. Steve nahm stattdessen an einem streng geheimen Experiment der US-Armee teil, das „Operation: Wiedergeburt" hieß. Durch ein Supersoldaten-Serum erreichte er höchste körperliche Fitness und alterte langsamer. Steve wurde im Kampf ausgebildet und erhielt den Decknamen Captain America.

Geheimidentität

„Cap" trägt einen Helm, um seine Identität geheim zu halten. Sein rot-weiß-blaues Kostüm zeigt die Farben der amerikanischen Flagge. Sein Schild besteht aus dem nahezu unzerbrechlichen Metall Vibranium.

Wegen dem Supersoldaten-Serum ist Steve Rogers extrem stark und kann sehr weit laufen, ohne müde zu werden.

Schildkräfte

Cap nutzt seinen Schild nicht nur, um sich vor Schlägen und Kugeln zu schützen. Er kann ihn auch unglaublich genau und hart auf Gegner schleudern und als Rammbock verwenden. Mit dem Schild kann Caps Körper Stürze abfedern und Angriffe auf die Gegner zurückwerfen, die sie abgefeuert haben.

Red Skull gegen Cap

Cap kämpft immer wieder gegen seinen Feind Red Skull. Skulls Verbündete Dancing Water verwandelte einmal eine Pfütze in ein Portal, durch das Skull floh!

Exklusive Eilmeldung vom Daily Bugle!

Als Steve Rogers ein Supersoldaten-Serum erhielt, wurde er größer, stärker und ausdauernder als jeder Mensch. Als Captain America kämpfte er mit der Armee, bevor er über dem Meer verschwand und für tot gehalten wurde.

DAILY BUGLE

Fund!

Ist das der echte Captain America?

Von unserem Spezial-Reporter für Superhelden

„Als Avenger muss ich die Erde beschützen.“

IRON MAN

Wenige Superhelden können es an Kraft und Genialität mit Iron Man aufnehmen. Als Erfinder und Ingenieur baut er neue Waffen, die mächtige Gegner besiegen.

WICHTIGSTE STÄRKEN

- Geniale Intelligenz
- Übermenschliche Stärke
- Kann mit Raketenstiefeln fliegen
- Uni-Strahl auf der Brust
- Fähiger Kämpfer

Falcon

Sam Wilson ist ein Sozialarbeiter aus Harlem, einem Stadtteil von New York. Er wird zu Captain Americas bestem Freund. Die beiden treffen sich, als Sams Flugzeug auf einer Tropeninsel notlandet. Durch den Kosmischen Würfel – ein Gerät, das die Wirklichkeit verändert – lässt Caps Erzfeind Red Skull Sam mit Vögeln sprechen, besonders mit Sams zahmem Falken Redwing. Diese Kraft ist so groß, dass Sam sogar durch Redwings Augen sieht! Red Skull will Sam zu einem Angriff auf Cap anstiften. Stattdessen verbünden sich die beiden Helden und besiegen den Bösewicht.

Durch seine Flügel kann Falcon jede Situation von oben begutachten.

Luftakrobat

Sam wird zum Superhelden Falcon und steht Cap zur Seite. Er ist bereits ziemlich fit, doch Caps Training macht ihn zum Spitzenkämpfer, Turner und Akrobaten. Black Panther entwirft

einen leichten Flügelanzug, mit dem Sam schnell wie ein Kampfjet fliegen kann! Der in der Luft unaufhaltsame Falcon schließt sich bald den Avengers an und beweist, was er kann.

Enge Freundschaft

Sam unterstützt Cap in allen Lagen. Als Steve seine Rolle als Cap nicht einnehmen kann, gibt Sam sein Dasein als Falcon auf und trägt stattdessen die rot-weiß-blaue Uniform von Captain America!

Black Widow

Die geheimnisvolle Natasha Romanova, auch Black Widow (Schwarze Witwe) genannt, ist sehr eigenständig. Als junge Waise erhielt Natasha eine Gehirnwäsche, um Spionin in Russlands „Black Widow“-Programm zu werden. Sie wurde zur Superturnerin, Kampfexpertin und Meisterin etlicher Waffen. Experimentelle Arzneien hielten sie jung und steigerten ihre Selbstheilungskräfte. Man pflanzte ihr falsche Erinnerungen ein, sodass sie glaubt, eine ehemalige Ballerina zu sein.

Neuanfang

Black Widows russische Auftraggeber schicken sie später los, um streng geheime Informationen von Tony Starks Firma zu stehlen. In seiner Iron-Man-Rüstung kann Tony sie besiegen. Black Widow verwickelt Hawkeye (Clint Barton) in ihre Pläne, bis dieser beschließt, dem Verbrechen den Rücken zu kehren, und den Avengers beitritt. Er überredet auch Black Widow, ihre Verbrechen aufzugeben.

Hawkeye überzeugt Black Widow, die frühere Feindin der Avengers, sich für das Gute einzusetzen.

Tödliche Talente

Da sie ihr Leben nun der Gerechtigkeit widmen will, wird Black Widow Agentin der Behörde S.H.I.E.L.D. Sie verbündet sich auch mit den Avengers.

Technik gegen Verbrechen

Black Widow trägt einen schwarzen Anzug, in dem sie volle Bewegungsfreiheit hat. Er ist außerdem so gut wie kugelsicher und hat Saugnäpfe, mit denen sie an Wänden hochklettern kann wie eine echte Spinne. Ihre Handschuhe verfügen über ein einziehbares Seil, um sich zwischen Gebäuden und über Dächer zu schwingen, und teilen mächtige Elektroschocks aus, die Black Widow „Witwenbiss“ nennt.

Geheimmissionen

Black Widow schließt sich den Avengers mehrmals an und verlässt sie wieder. Im Ernstfall ist sie zuverlässig – sie führt das Team sogar durch düstere Zeiten.

Black Widow ist sportlich und mit Technik und Waffen ausgerüstet.

Sie erlebt einige ungewöhnliche Missionen, darunter heftige Zusammenstöße mit einer anderen Black Widow, der russischen Spionin Yelena Belova.

Avengers, versammelt euch!

Der Sitz der Avengers ist New York City, aber sie haben schon rund um die Welt gekämpft.

New York City

Die Avengers-Villa und der Avengers-Tower befinden sich in New York (USA).

Nordatlantik

Der Körper von Captain America wurde in einem Eisblock im Nordatlantik entdeckt.

New Mexico

Brucer Banner wurde in New Mexico (USA) zum Hulk. Radioaktive Partikel trafen ihn, als er in einer Militärbasis eine Bombe entwickelte.

Norwegen

Dr. Donald Blake fand in einer Höhle in Norwegen einen Stock. Er wurde zum Hammer Mjöllnir, der Dr. Blake wieder zu Thor machte.

Russland

Natasha Romanova, genannt Black Widow, wurde in Wolgograd geboren.

Deutschland

Captain America war im Zweiten Weltkrieg in Deutschland.

Afghanistan

Tony Stark wurde von Terroristen in Afghanistan gefangen, wo sich ein Granatsplitter in seiner Brust festsetzte. Hier baute er seinen ersten Iron-Man-Anzug.

Hawkeye

Black Widows Freund Hawkeye, auch als Clint Barton bekannt, überzeugt sie, sich den Avengers anzuschließen.
Das Vorbild Iron Mans spornte Clint als Jugendlichen an, Superheld zu werden. Er lief von zu Hause weg, um beim Wanderzirkus zu arbeiten. Dort lernte er unglaubliche Akrobatik und den Umgang mit dem Bogen, sodass er einer der besten Bogenschützen der Welt wurde.

Zielgenauigkeit macht Hawkeye zum wertvollen Avengers-Mitglied.

Clint nimmt den Namen Hawkeye an. Obwohl er kurzzeitig unter Black Widows Bann fällt und zum Verbrecher wird, beweist er sich letztlich vor Iron Man und Captain America und findet einen Platz bei den Avengers.

Mithalten mit den Avengers

Hawkeye hat keine Superkräfte, aber er ist ein großartiger Athlet, und sein Talent mit dem Bogen ist einmalig. Um mit dem Team mitzuhalten, fährt er ein Motorrad, das fliegen kann. Die anderen Avengers wissen, dass hinter seiner trockenen, rauen Art ein mutiger, zuverlässiger Charakter steckt.

Erstaunliche Pfeile

Hawkeye hat eine Sammlung von mehr als 100 Spezialpfeilen. Manche explodieren beim Aufprall, andere enthalten Rauch oder Gas. Außerdem hat er einen Boxhandschuh-Pfeil, um böse Jungs auszuschalten, einen Pym-Partikel-Pfeil, der Schurken ganz klein macht, und einen Bumerang-Pfeil, der wieder zu ihm zurückzischt.

Hawkeyes Trickpfeile

Hawkeye, der mächtigste Schütze der Welt, hat keine Superkräfte, aber er ist ein Ass mit dem Bogen. Er zielt aus jedem Winkel perfekt. Oft setzt er seine „Trickpfeile“ ein.

1. Tränengaspfeil
Setzt eine Wolke aus schmerzendem Tränengas frei.

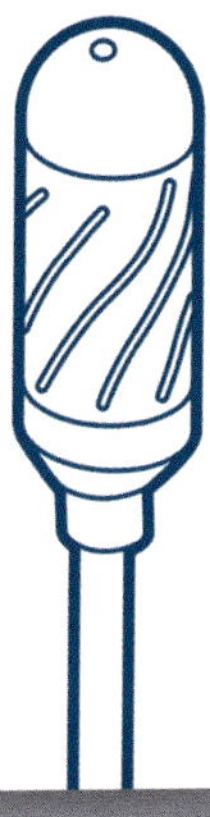

2. Kittpfeil
Mit klebrigem Stoff gefüllte Kugel, die beim Aufprall zerbricht.

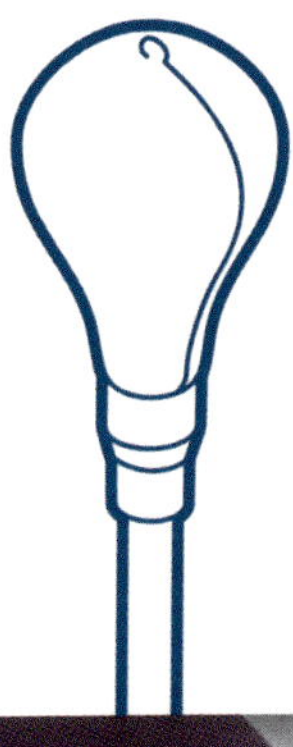

3. Netzpfeil
Setzt ein großes, drei Meter breites Netz frei.

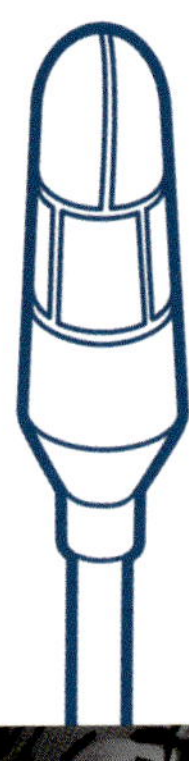

4. Säurepfeil
Röhre mit ätzender Salpetersäure, die beim Aufprall austritt.

DAILY BUGLE

Die Avengers machten eine aufregende Entdeckung: Sie fanden einen Menschen, der in einem Eisblock im Nordatlantik eingefroren war. Könnte das Captain America sein, der berühmte Superheld, der 1944 verschwand?

Die Avengers stießen auf den Eisblock, als sie Prinz Namor von Atlantis verfolgten. Sie stellten fest, dass der Mensch darin noch lebte.

„Wir warten darauf, dass er aufwacht“, sagte Iron Man in einem exklusiven Telefon-Interview. „Er trägt ein Kostüm in den amerikanischen Farben. Thor ist überzeugt, dass der Schild dieses Mannes unzerstörbar ist.“

„Es sieht aus, als hätte er jahrzehntelang in dem Eisblock gesteckt!“, wirft Wasp ein. „Wir hoffen, dass es wirklich Captain America ist. Bald wissen wir es.“

7. Explosiv-Pfeil
Enthält Sprengstoff, der beim Aufprall auf das Ziel explodiert.

8. Rauchbomben-Pfeil
Setzt eine dichte Wolke Rauch frei.

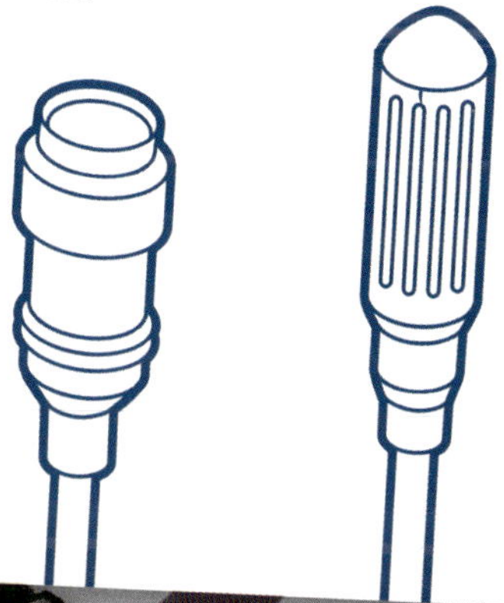

Scarlet Witch

Wanda Maximoff, bekannt als Scarlet Witch, ist eine der mächtigsten Superheldinnen. Doch ihre magische Gabe hat einen Preis. Die junge Wanda und ihr superschneller Zwillingsbruder Pietro sorgen in ihrem Heimatdorf für ziemliches Aufsehen: Man hält Wanda für eine Hexe.
Der böse Mutant Magneto rettet die Zwillinge vor einer wütenden Menschenmenge. Sie treten seiner Bruderschaft böser Mutanten bei, die gegen die Superheldengruppe der X-Men kämpft. Als die Zwillinge hören, dass die Avengers neue Mitglieder suchen, verlassen Wanda und Pietro Magnetos Gruppe und schließen sich den mächtigsten Helden der Erde als Scarlet Witch und Quicksilver an.

Zauberei und Wunder

Scarlet Witch wird bald ein wichtiges Avengers-Mitglied. Die magische Heldin erzeugt mit ihrer „Hex-Kraft“ Blitze von enormer Macht. Scarlet Witch kann sich und andere über große Entfernungen teleportieren und Gegenstände mit Gedanken-

Die magische Scarlet Witch und ihr superschneller Bruder Quicksilver treten den Avengers bei.

kraft bewegen. Ihre Zauberei hilft den Avengers gegen übernatürliche Gefahren, zum Beispiel gegen den Dämonen Dormammu. Der böse Roboter Ultron hat große Angst vor Scarlet Witch, denn er kann sich gegen ihre Magie nicht verteidigen!

Vision

Der Roboter Ultron baut einen Androiden namens Vision. Ultron lädt den Verstand des Helden Wonder Man in dem Androiden hoch. Er programmiert Visions Gehirn, damit dieser seinem Befehl gehorcht: Er soll die Avengers vernichten! Vision ist in vielen Dingen wie ein Mensch – er ist keine herzlose Maschine. Da er jedoch aus mechanischen Teilen besteht, hat er erstaunliche Kräfte.

Eine Solarzelle auf Visions Stirn schießt einen Strahl auf Gegner ab.

Wunder der Wissenschaft

Vision kann die Dichte seines Körpers verringern, sodass er zum Beispiel durch Wände gehen oder fliegen kann. Aber das ist noch nicht alles – er kann seine Dichte auch erhöhen, sodass man ihn kaum mehr von der Stelle bewegen kann!

Endlose Ausdauer

Vision ist übermenschlich stark und feuert Blitze aus Solarenergie aus einem Edelstein auf seiner Stirn ab. Er kann außerdem mit anderen Maschinen sprechen. Natürlich muss Vision als Android weder essen noch trinken und ist trotzdem fit!

Verrat an Ultron

Ultron ist zuversichtlich, dass Vision die Avengers in einem Überraschungsangriff schlagen wird. Doch in letzter Minute widersetzt sich der Android Ultrons Programmierung und wendet sich gegen seinen bösen Schöpfer. Bei den Avengers ist Vision bald ein voll anerkanntes und geschätztes Mitglied.

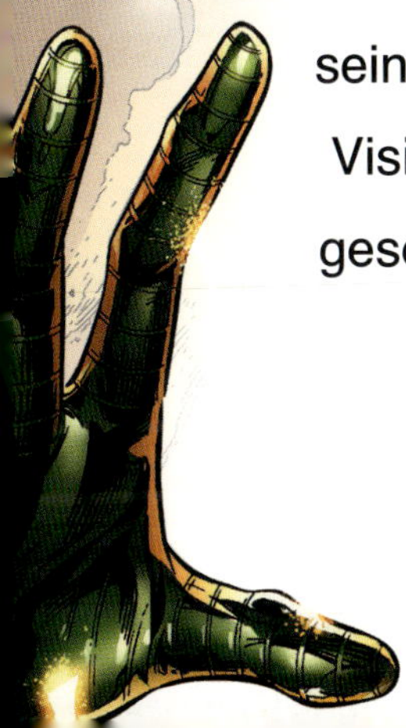

Black Panther

Mit seiner verblüffenden Intelligenz ist T'Challa ein großes Vorbild – sowohl als Superheld Black Panther, als auch als König des afrikanischen Landes Wakanda. Als junger Mann besucht Prinz

Black Panthers Anzug bildet sich per Gedankenbefehl, wann immer er es wünscht.

T'Challa die besten Hochschulen Amerikas und Europas. Das Wissen, das er dort erwirbt, erweist sich für seine Zukunft als sehr nützlich. T'Challa erlebt Abenteuer auf der ganzen Welt und trifft Ororo Munroe, die das Wetter kontrollieren kann. Sie wird später die Superheldin Storm und T'Challas Frau.

Herzförmiges Kraut

T'Challa kehrt schließlich nach Wakanda zurück und besteht Prüfungen, um den Titel Black Panther zu erwerben. Das Herzförmige Kraut, das nur in Wakanda wächst, verleiht ihm übermenschliche Kraft und Ausdauer. Black Panthers Anzug ist mit dem nahezu unzerstörbaren Metall Vibranium verstärkt. Seine Handschuhe erzeugen Dolche aus Energie, und seine rasiermesserscharfen Klauen schneiden durch Stahl.

Shuri

Als T'Challa vom Schurken Doctor Doom verletzt wird, verliert er vorübergehend seine Kräfte. T'Challas Schwester Shuri verdient sich den Titel Black Panther und vertritt ihn als Wakandas Anführerin.

WNY7
WNY7
WNY5

Superforschung

Wakandas Technologie wird unter der Anleitung des Genies T'Challa immer fortschrittlicher.

Avengers Quinjet

Überschallgeschwindigkeit und eine extrem mächtige Bewaffnung machen aus dem Quinjet das perfekte Luftgefährt für das weltbeste Superhelden-Team.

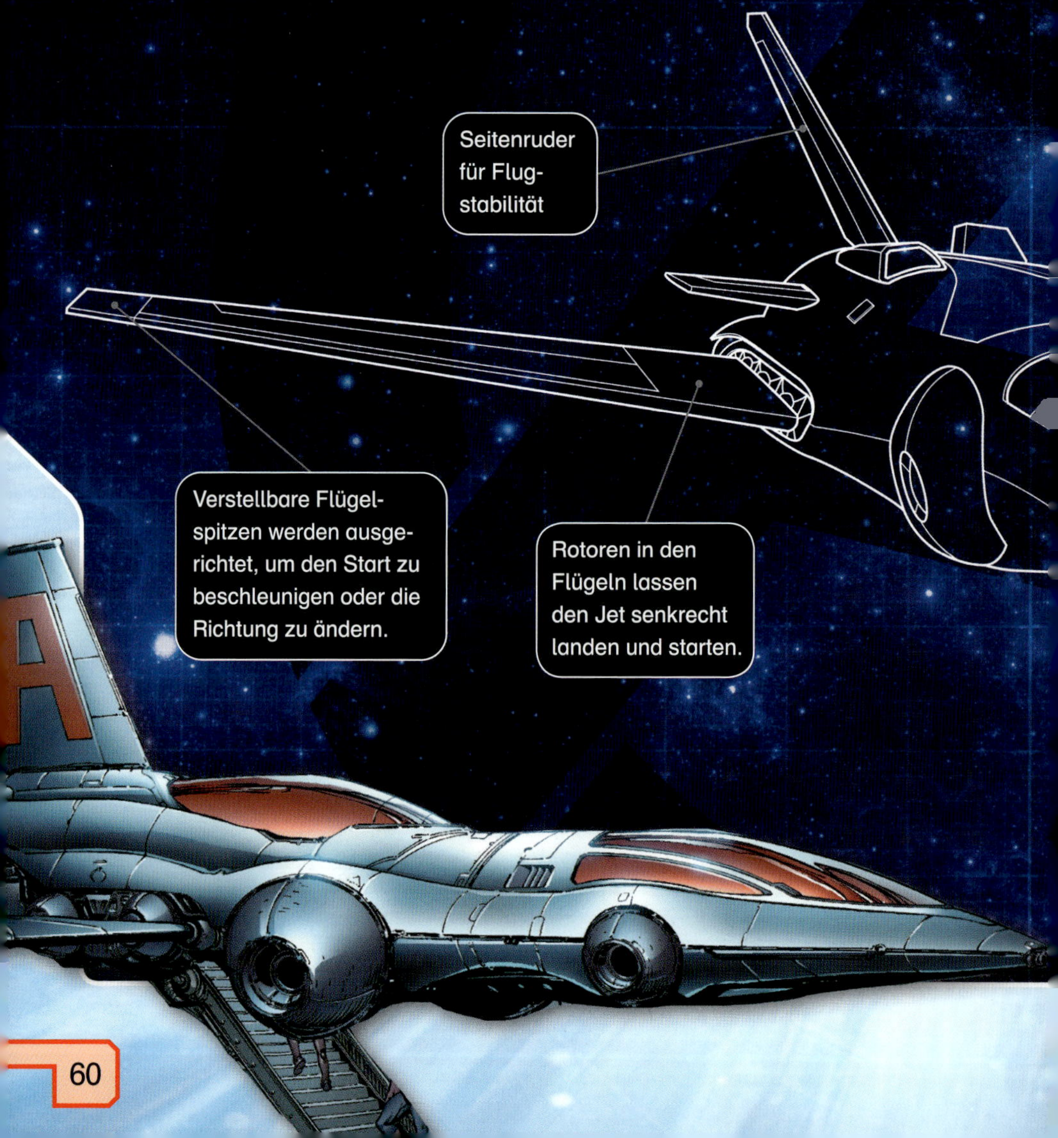

TECHNISCHE DATEN

QUINJET

Entwickler: Wakanda Design Group, geleitet von Black Panther (T'Challa)
Basis: Stark Tower
Eigentum von: Avengers und S.H.I.E.L.D.
Max. Tempo: 2575 km/h
Max. Tempo im Weltraum: Halbe Lichtgeschwindigkeit (563 Millionen km/h)
Transportiert: 2 Besatzungsmitglieder, 5 Passagiere

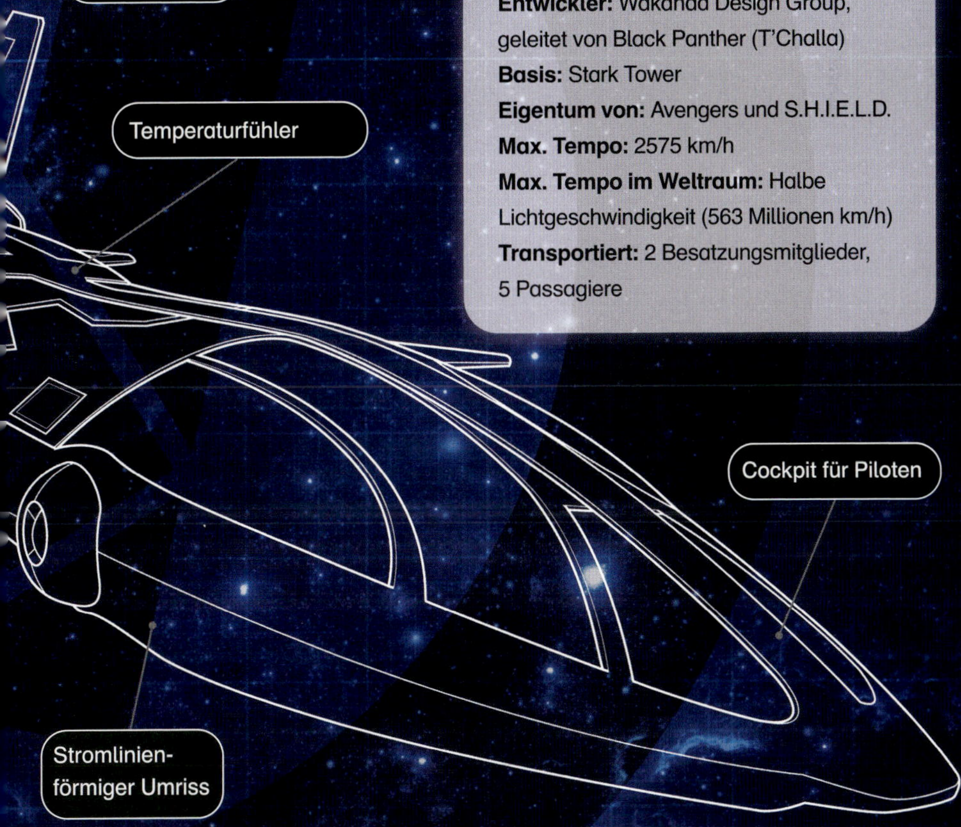

Der zweite Ant-Man

Wissenschaftsgenie und Erfinder Hank Pym ist der erste Ant-Man, aber er bleibt nicht der einzige. Der kleinkriminelle Elektronik-Bastler Scott Lang braucht Geld für die Herzoperation seiner Tochter Cassie. Als der Arzt entführt wird, der Cassie retten soll, beschließt Scott, dass die Situation nach verzweifelten Maßnahmen verlangt.

Verzweifelter Dieb

Scott bricht in Hanks Haus ein und stiehlt den alten Ant-Man-Anzug und einen Gürtel voller größenverändernder Pym-Partikel.

Hank beobachtet den Diebstahl heimlich. Er entscheidet sich, Scott zu folgen und herauszufinden, was er mit dem Anzug anstellen möchte. Nachdem er ihn angezogen hat, rettet Scott den Arzt, der wiederum Cassies Leben rettet. Später will Scott die Ant-Man-Ausrüstung zu Hank zurückbringen. Doch Hank überlässt sie Scott, wenn er sie zum Guten einsetzt.

Verbesserter Anzug

Scott kehrt dem Verbrechen den Rücken und tritt als Ant-Man den Avengers bei. Er lernt schnell, wie man eine Flugameise reitet, und verbessert Hanks ursprünglichen Anzug. Scott verstärkt die Lautsprecher im Helm, sodass man ihn mühelos versteht, auch wenn er nur so groß wie eine Ameise ist. Er fügt auch bioelektrische Stachel in die Handschuhe ein.

Scott wird mit den Pym-Partikeln so klein, dass man ihn nicht einmal durch ein Mikroskop sehen kann.

Heldengalerie

Helden aller Art sind bei den Avengers willkommen. Manche sind nicht einmal Menschen! Wer immer sie sind, jeder von ihnen hat Spezialkräfte, die das Team verbessern.

Blue Marvel

Echter Name: Adam Brashear

Beruf: Wissenschaftler

Kraft: Energieblitze aus den Händen

Luke Cage

Echter Name: Carl Lucas

Beruf: Held gegen Geld

Kräfte: Superstärke, kugelsicher

Captain Britain

Echter Name: Brian Braddock

Beruf: Britischer Held, früher Student

Kräfte: Fliegen, Superstärke

Captain Universe

Echter Name: Tamara Devoux

Beruf: Abenteurerin

Kräfte: Kosmische Energien, Hypnose, Röntgen-Blick

Spider-Woman

Echter Name: Jessica Drew

Beruf: Privatdetektivin

Kräfte: Wandkrabbeln, immun gegen Gift, Giftblitze

Jocasta

Typ: Hightech-Roboter

Beruf: Abenteurerin

Kraft: Energieblitze aus den Augen

Spectrum

Echter Name: Monica Rambeau

Beruf: Abenteurerin, früher Hafenwachdienst

Kräfte: Fliegen, verwandelt Körper in Licht, Energieblitze

Captain Marvel

Echter Name: Carol Danvers

Beruf: Ehemalige Sicherheitschefin und Spionin

Kräfte: Superstärke, Fliegen, Energieabsorption

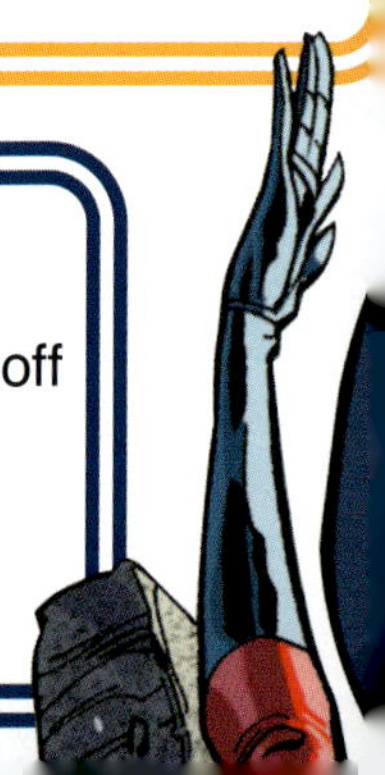

Quicksilver

Echter Name: Pietro Maximoff

Beruf: Abenteurer

Kraft: Superschnelligkeit

America Chavez

Beruf: Abenteurerin

Geburtsort: Utopische Parallele (Alternativ-Dimension)

Kräfte: Superstärke, kugelsicher, Fliegen, Reisen zwischen Dimensionen

Manifold

Echter Name: Eden Fesi

Beruf: Abenteurer

Kraft: Öffnet mit den Händen Übergänge in andere Welten

Ms. Marvel

Echter Name: Kamala Khan

Beruf: Abenteurerin, Schülerin

Kräfte: Ändert Größe und Gestalt, heilt schnell

Die Guardians sind sich oft nicht einig, ihre Methoden nicht immer legal – aber sie werden mit allem fertig.

Guardians of the Galaxy

Viele Verbündete unterstützen die Avengers. Eine der coolsten Gruppen sind die Guardians of the Galaxy, die Wächter der Galaxis, ein bunter Haufen kosmischer Gesetzloser. Sie übernehmen Missionen im ganzen Universum und teleportieren sich mit Passier-Armbändern rasch über große Entfernungen.
Anfangs wussten die Avengers nicht recht, was sie von der seltsamen Truppe halten sollten. Der Mut der Guardians, die den mächtigsten Helden der Erde gegen den Superschurken Thanos beistanden, gefiel ihnen aber.

Mutiger Anführer

Weltraum-Abenteurer Star-Lord (echter Name: Peter Quill) führt die Gruppe meist an. Star-Lord ist halb Erdling, halb außerirdischer Spartoi. Der draufgängerische Spitzbube trägt einen Spezialhelm, um im Weltraum zu atmen. Star-Lord hat einen Elementar-Blaster, der mit den vier Elementen geladen ist: Feuer, Erde, Wasser und Luft.

Gesetzlose Helden

Die furchterregende Gamora ist die wohl tödlichste Frau der Galaxis. Sie kennt jede Kampfkunst, trägt das Schwert Godslayer und erhält kosmische Kräfte aus einem Artefakt, das als Black Vortex bekannt ist. Gamora ist die Adoptivtochter des Schurken Thanos, der sie zur ultimativen Attentäterin ausgebildet hat. Sie verriet ihn jedoch und hasst Thanos inzwischen für seine Grausamkeit. Genauso wie die rachsüchtige Gamora will auch ihr treuer Freund Drax Thanos aufspüren. Dieser ehemalige Mensch wurde als übermenschlicher und nahezu unverwundbarer Krieger von Thanos' eigenem Vater neu erschaffen, nur um Thanos zu töten!

Wilder Kämpfer

Der feurige Rocket Raccoon ist ein Pilotenass vom außerirdischen Planeten Halfworld, der die extrem scharfen Sinne eines Waschbären von der Erde hat. Dieses militärische Genie rast mit Raketenstiefeln in den Kampf. Wenn Star-Lord nicht da ist, führt Rocket die Guardians an.

Aus hartem Holz

Rocket ist einer der wenigen, die Groot verstehen. Dieser baumartige Außerirdische vom Planeten X sagt ständig „Ich bin Groot“, aber Rocket weiß immer, was damit gemeint ist. Groots Glieder können sich weit strecken, und wird er verletzt, lässt er sich aus einem kleinen Zweig nachwachsen!

Rocket hat oft einen Raketenwerfer dabei, der beinahe so groß ist wie er selbst.

Spider-Man

Manchmal brauchen die Avengers Hilfe von anderen Helden – und welches Superheldenteam würde nicht gern mit Spider-Man (echter Name: Peter Parker) zusammenarbeiten wollen? Durch den Biss einer radioaktiven Spinne wurde dieser netzschwingende Held superstark und kann an Wänden hinaufklettern. Sein „Spinnensinn" warnt ihn vor Gefahren.

Beweglich wie eine Spinne kann Spidey kopfüber an einem Faden hängen.

Erstaunliche Erfindungen

Peter erfindet Düsen fürs Handgelenk, die zwei verschiedene Netze verschießen – mit ganzen Netzen fängt er Schurken, an einzelnen Fäden schwingt er sich durch die Luft. Unter seinem leichten Anzug trägt Spidey einen Gürtel mit Patronen voller Netzflüssigkeit und andere Geräte. Spidey kämpft vor allem allein gegen das Verbrechen, aber er hilft den Avengers und schließt sich sogar für kurze Zeit verschiedenen Avenger-Teams an.

Doctor Strange

Die Avengers bekämpfen sowohl die Superschurken der Erde als auch Bedrohungen aus dem Weltall. Aber was ist mit übernatürlichen Feinden wie bösen Magiern oder machthungrigen Dämonen aus anderen Dimensionen? Dafür wendet sich das Team an Doctor Strange, den Höchsten Zauberer der Erde!

Zauberkräfte

Doctor Strange kann reisen, wohin er will – selbst in den Weltraum und durch die Dimensionen. Er liest Gedanken und bewegt Gegenstände mit dem Verstand. Er besitzt auch mächtige magische Gegenstände wie das Auge des Agamotto, mit dem er Illusionen durchschaut.

Doctor Strange trägt den Levitationsmantel, mit dem er fliegen kann.

S.H.I.E.L.D.

Die Geheimorganisation S.H.I.E.L.D. bewahrt den Frieden und rettet in vielen Missionen mit den Avengers die Welt. Ein riesiger fliegender Flugzeugträger, der Helicarrier, dient als bewegliche Befehlszentrale von S.H.I.E.L.D.

S.H.I.E.L.D. Helicarrier

Der Helicarrier ist das bewegliche Hauptquartier der Organisation S.H.I.E.L.D. Er bewegt sich durchs Wasser und in der Luft. Der Helicarrier dient nicht nur als Basis für Kampfjets, sondern steckt auch voller fortschrittlicher Waffen.

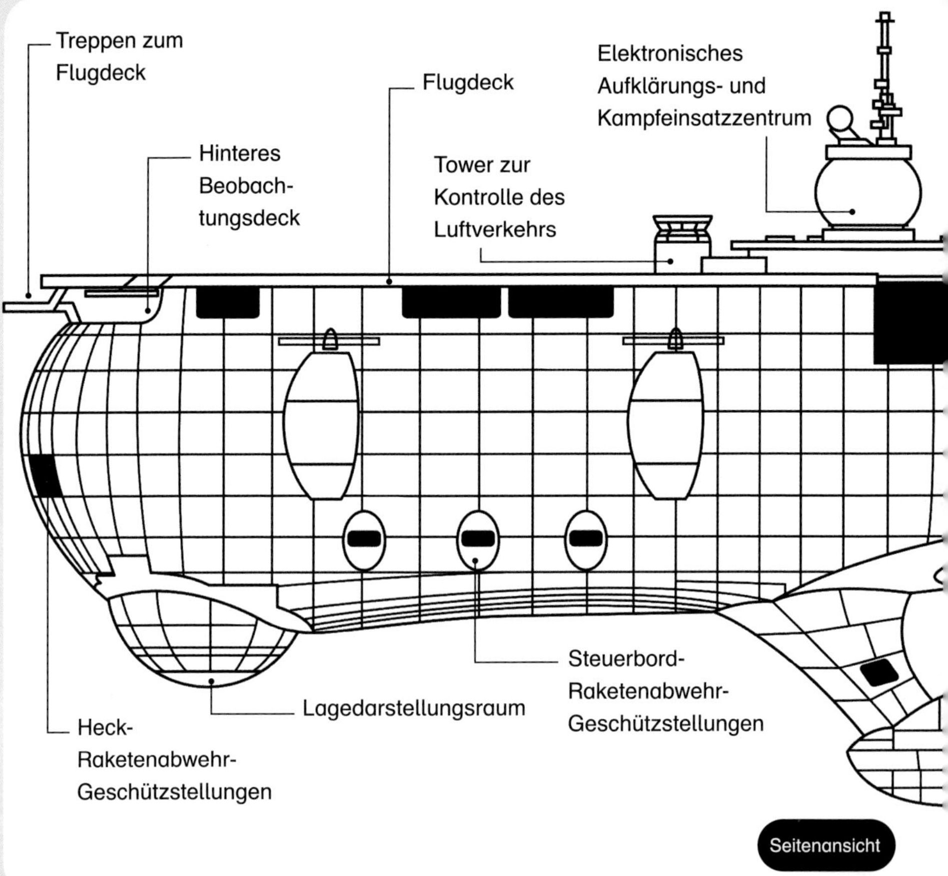

Abheben
Vier riesige Rotoren an den Seiten heben den Helicarrier aus dem Wasser in die Luft.

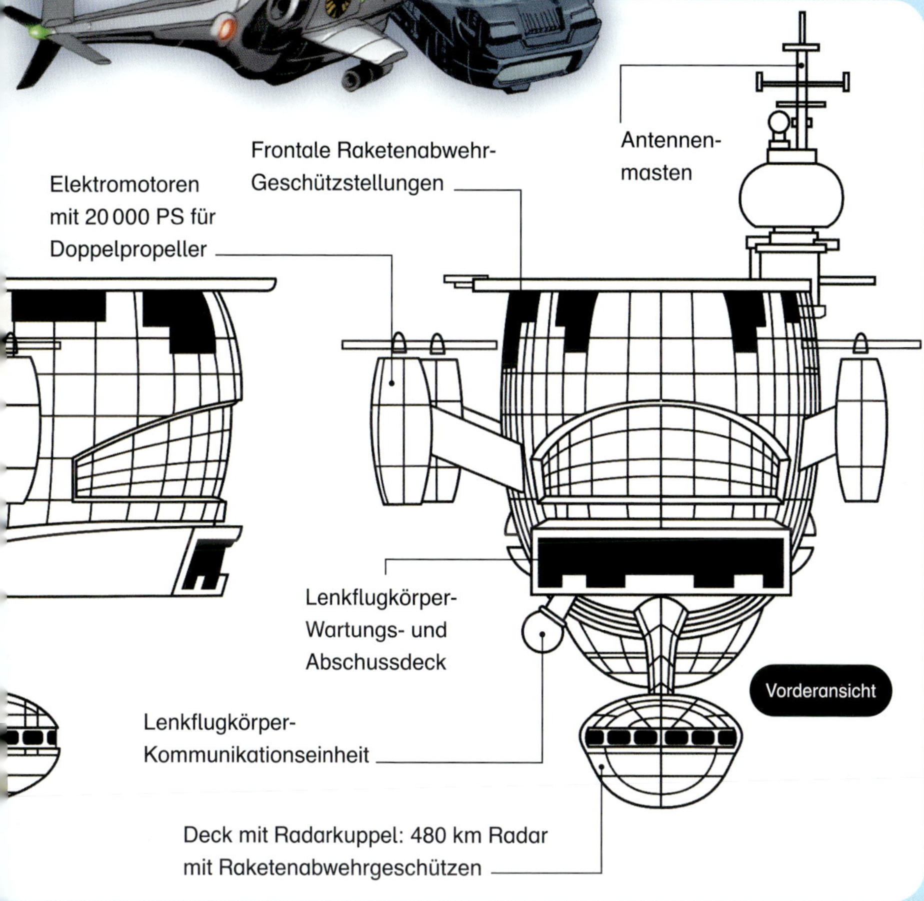

Loki trägt einen Anzug in Gold und Grün. Die Hörner auf seinem Helm wirken furchterregend.

Loki

Die mächtigsten Helden der Erde müssen viele Superschurken besiegen, ob kriminelle Banden oder Eindringlinge aus dem Weltall. Doch die allerschlimmsten von ihnen kehren immer wieder zurück!
Kaum einer macht den Avengers mehr Probleme als Loki, der Gott des Unheils. Dieser eifersüchtige Störenfried lügt, dass sich die Balken biegen, um seine Feinde gegeneinander aufzubringen. Darüber hinaus ist Loki auch ein Meistermagier, der zaubert, Illusionen schafft, die Gestalt wandelt und durch Dimensionen reist.

Familiensache

Als Adoptivsohn von Odin, dem König von Asgard, verabscheut Loki seinen Bruder Thor und sucht stets Möglichkeiten, ihn zu quälen. Loki will außerdem Odin absetzen und selbst über Asgard herrschen – oder das Reich zerstören! Wo immer er hingeht, Loki stiftet so viel Chaos wie möglich, und seine hinterlistigen Machenschaften sind eines der schlimmsten Probleme der Avengers.

Held gegen Unhold

Thor und Loki

THOR

Odin ließ seinen Sohn auf der Erde als Mensch leben. Jahre später fand Thor einen Stock. Er wurde zu Mjöllnir – dem magischen und mächtigen Hammer, der Thor wieder zum Gott machte.

Ganzer Name: Thor Odinson
Titel: Prinz von Asgard, Gott des Donners
Volk: Ase
Kräfte: Extrem schnell, beweglich und aufmerksam, Zeitreise, heilt schnell, talentierter Kämpfer (mit seinem Hammer Mjöllnir und dem Gürtel der Stärke), kann Blitz, Regen, Wind und Schnee rufen

LOKI

Odin adoptierte Loki, als die Asen seinen Vater Laufey töteten. Loki ist neidisch auf Odins Sohn Thor und wollte ihn schon oft vernichten.

Ganzer Name: Loki Laufeyson
Titel: Gott des Bösen, Gott des Unheils
Ursprüngliches Volk: Frostriese
Kräfte: Stärke, Ausdauer, Geschwindigkeit und Intelligenz, immun gegen Verletzungen, Krankheiten und Gifte, Telepathie, Hypnose, kann durch Zeit und Raum reisen, Flug durch Levitation, Experte im Gestaltwandel

Ultron

Das mechanische Monster Ultron ist einer der gefährlichsten Feinde der Avengers. Genie Hank Pym (der erste Ant-Man) experimentiert mit Robotern und erschafft dabei Ultron. Zu seinem Entsetzen wird der Roboter lebendig. Er löscht Hanks Gedächtnis und macht Kleinholz aus Hanks Labor. Dann richtet er draußen noch mehr Schaden an!

Technische Bedrohung

Ultron verfügt nicht nur über das Forschertalent von Hank. Der abtrünnige Roboter ist superstark, superschnell und extrem robust. Eine seiner tödlichsten Waffen ist der Enzephalo-Strahl. Wer von ihm getroffen wird, muss Ultrons Befehlen gehorchen. Mit Raketenantrieben kann Ultron fliegen, und er schießt Feuerblitze aus den Augen. Ultron hasst die Menschheit und will die Welt beherrschen. Dabei sind ihm die Avengers im Weg. Ultron will die Verteidiger der Erde von innen vernichten, indem er Androiden und Roboter erschafft, zum Beispiel Vision.

Zum Glück widersetzen sich sämtliche Schöpfungen letztlich Ultrons Programmierung und wenden sich gegen ihn, um an der Seite der Avengers zu kämpfen!

Roboter-Neuerfindung

Der ehrgeizige Ultron erfindet sich ständig neu – jede Version ist mächtiger als die vorherige. Der nahezu unaufhaltsame Ultron wurde bisher durch Computerviren, Magie oder die Entfernung seines Kopfes besiegt. Doch nichts hält ihn lange auf!

Die Avengers müssen mit Hank zusammenarbeiten, um Ultrons Programmierung anzugreifen.

Thanos

Thanos ist eine der größten Bedrohungen für die Avengers. Mit seinem muskelbepackten Körper und dem grausigen Grinsen ist Thanos ein furchterregender Anblick. Er kommt vom Titan, einem Mond des Planeten Saturn, und wird in seiner Zerstörungswut häufig als „Irrer Titan" bezeichnet.

Unaufhaltsamer Eindringling

Thanos kontrolliert den sogenannten Kosmischen Würfel, der die Wirklichkeit verändern kann. Damit zerstört er seine Heimatwelt, dann nimmt er Planet um Planet ein und löscht viele unschuldige Leben mit seinen Raumschiffen und hochgezüchteten Waffen aus.

Machthungriger Unsterblicher

Thanos ist nicht nur ein hervorragender Anführer und ein Genie. Er brüstet sich auch mit magischen Kräften und kontrolliert andere Wesen mit seinem Verstand. Er erzeugt Kraftfelder, und die Energie, die er aus den Augen schießt, haut sogar den Hulk um! Wenn er schnell reisen muss, setzt sich Thanos einfach auf seinen fliegenden Raum-Thron und teleportiert sich an jeden Ort des Universums.

Mithilfe von Black Order, einer monströs bösen Bande von Außerirdischen, erobert Thanos viele Welten.

Schurkengalerie

Diese Superschurken zählen zu den hartnäckigsten Feinden der Avengers. Die mächtigsten Helden der Erde haben sie oft besiegt, aber diese Verbrecher wissen einfach nicht, wann es Zeit ist aufzugeben!

Korvac

Ganzer Name: Michael Korvac

Beruf: Kosmischer Gott, vorher Cyborg und Computertechniker

Kräfte: Raum- und Zeitreise, Energieprojektion

Kang der Eroberer

Echter Name: Nathaniel Richards

Kraft: Meister der Zeitreise

Ziel: Jede Epoche beherrschen

Grim Reaper

Echter Name: Eric Williams

Kraft: Übermenschliche Stärke

Waffe: Wirbelnde Sense schießt Energieblitze und Gaskugeln ab.

Madame Hydra

Echter Name: Ophelia Sarkissian

Beruf: Leitet die Organisation Hydra

Waffe: Giftbiss

Baron Helmut Zemo

Beruf: Verbrechergenie

Kraft: Verlangsamtes Altern durch das Serum Compound X

Ziel: Weltherrschaft

Taskmaster

Vermuteter Name: Tony Masters

Beruf: Bildet Verbrecher aus

Kräfte: Höchste Fitness, kann jeden Kampfstil nachahmen

Die Avengers sind ein
Team aus Superhelden,
das zusammen das
Böse bekämpft, wo
immer es sich aufhält.

Könntest du ein Avenger sein?

Die Avengers suchen nach einem neuen Mitglied, das sich dem Heldenteam im Kampf gegen das Böse anschließt. Anwärter, die sich bewerben wollen, müssen einige der folgenden Talente oder Erfahrungen haben:

Kampferfahrung, extreme Kraft, Schnelligkeit und Ausdauer

Die Fähigkeit, Technik zu erfinden oder anzuwenden

Erfahrung im Reisen durch die Zeit und das Universum

Begeisterung für Teamarbeit und die Fähigkeit, neue Identitäten anzunehmen

Der Sache ergeben sein und immer dem Ruf zur Versammlung nachkommen

Die Avengers fördern Chancengleichheit: Bewerber jeder Herkunft, Art und jeden Geschlechts sind willkommen.

Neue Mitglieder müssen mit S.H.I.E.L.D. und anderen Behörden zusammenarbeiten.

Hast du das Zeug, dem Team der mächtigsten Helden beizutreten?

Das Avengers-Quiz

1. Wer waren die fünf ursprünglichen Mitglieder der Avengers?
2. Wie groß wird Hank Pym, wenn er zu Goliath wird?
3. Aus welchem Metall ist Thors Hammer?
4. Wie lautet der Name des geheimen Armee-Projekts, dem Steve Rogers beitrat?
5. Womit klettert Black Widow Wände empor wie eine echte Spinne?
6. Wo lernte Hawkeye seine fantastischen akrobatischen Fertigkeiten?
7. Warum fürchtet Ultron Scarlet Witch?

8. Wo wächst das Herzförmige Kraut, das Black Panther seine Kräfte verleiht?
9. Wie ist Kamala Khans Superhelden-Name?
10. Wer kommt vom Planeten X?
11. Welcher magische Gegenstand von Doctor Strange hilft, Illusionen zu durchschauen?
12. Womit teleportiert sich Thanos durch das Universum?
13. Was passiert, wenn Robert Banner wütend wird?
14. Wo wurde Captain America nach seinem Verschwinden wiedergefunden?
15. Wie heißt das bewegliche Hauptquartier von S.H.I.E.L.D.?

Antworten

1. Wasp, Ant-Man, Thor, Hulk, Iron Man, **2.** 7,6 Meter, **3.** Uru, **4.** Operation: Wiedergeburt, **5.** Mit Saugnäpfen, **6.** Bei einem Wanderzirkus, **7.** Er kann sich nicht gegen ihre Magie verteidigen, **8.** In Wakanda, **9.** Ms. Marvel, **10.** Groot, **11.** Das Auge des Agamotto, **12.** Mit seinem fliegenden Raum-Thron, **13.** Er verwandelt sich in den Hulk, **14.** In einem Eisblock im Nordatlantik, **15.** Helicarrier

Liebe Eltern,

Lesen macht Spaß! Denn es gibt so viele spannende Geschichten. Und Lesen ist sehr nützlich, denn viele Informationen erschließen wir uns lesend. Beides sollte Ihr Kind am Ende seines Leselern-Prozesses erfahren haben.

Mit den **SUPER**LESER!-Büchern für Erstleser möchten wir Ihrem Kind genau das vermitteln. Die Leseabenteuer in drei verschiedenen Lesestufen verbinden wunderbar spannende Geschichten mit vielen interessanten und nützlichen Sachinformationen in unterschiedlichen Textformen z. B. Berichte, Briefe, Bastelanleitungen, Rezepte oder Infotafeln.

So können Sie Ihr Kind dabei unterstützen, dass es begeistert und erfolgreich lesen lernt:

Haben Sie Geduld! Nicht jedes Kind ist eine geborene Leseratte und manche brauchen etwas länger, um sich mit dem Lesen anzufreunden. Lesen Sie Ihrem Kind auch weiterhin vor. Dabei bekommt es ein Gefühl für fließendes Lesen, ausdrucksstarke Sprache und richtige Betonung. Fragen Sie es immer wieder einmal, ob es Ihnen vorlesen möchte. Seien Sie geduldig. Irgendwann wird die Neugier auf die Geschichten siegen.

Je mehr, desto besser! Mit jedem Text, den Ihr Kind liest – sei es ein Gedicht, eine Geschichte oder ein Sachtext –, werden sich seine Lesefähigkeit, sein Gefühl für Sprache und sein Verständnis schwieriger Wörter weiterentwickeln. Am besten liest es regelmäßig, aber nur so lange, wie es mag. Dabei reichen am Anfang zehn Minuten völlig aus.

Nicht zu schnell! Achten Sie darauf, dass Ihr Kind sich Zeit nimmt, jedes Wort in Ruhe auszusprechen und seine Bedeutung zu verstehen. Die Sachtexte sind für Ihr Kind etwas schwerer zu lesen als die erzählenden Passagen. Loben Sie Ihr Kind, wenn es sich ein schwieriges Wort erschlossen hat oder einen Satz noch einmal anders betont liest, nachdem es den Sinn verstanden hat.

Seien Sie ein guter Zuhörer! Wenn es bereit ist, lassen Sie Ihr Kind laut vorlesen und hören Sie ihm aufmerksam zu. Unterbrechen Sie es nur, wenn es wirklich nötig ist. Oder machen Sie zwischendurch, zum Beispiel vor Beginn eines neuen Kapitels, kleine Pausen, in denen Sie über das Gelesene sprechen. Auch die Quizfragen am Buchende bieten eine spielerische Möglichkeit, das Textverständnis zu überprüfen.

Geteilte Freude ist doppelte Freude! Laden Sie andere Zuhörer und Vorleser – Geschwister, Großeltern oder gute Freunde – ein: Lesen Sie mit verteilten Rollen oder veranstalten Sie einen Lesenachmittag. Nach der ersten Aufregung werden Stolz und Freude an den geteilten Geschichten überwiegen.

Seien Sie Vorbild! Wenn Sie selbst viel lesen, wird auch Ihr Kind dies als selbstverständliche und erfüllende Beschäftigung kennenlernen.

Spaß muss sein! Wählen Sie die Bücher und Texte nach den Interessen Ihres Kindes aus. Das erhöht die Lust aufs Lesen und sorgt für lang anhaltende Motivation.

Wir wünschen Ihnen und Ihrem Kind viel Freude beim gemeinsamen Lesen!

Begriffe

Androide
Ein Roboter, der aussieht wie ein Mensch.

Artefakt
Ein von Menschen gemachter Gegenstand mit kultureller oder geschichtlicher Bedeutung.

Deckname
Ein Name, der zur Tarnung dient.

Experimentell
Auf Experimenten oder Versuchen beruhend.

Gigant
Riese

Granatsplitter
Stücke einer explodierenden Bombe.

Hand-Auge-Koordination
Wenn das Gehirn Hand und Auge verbinden kann. Braucht man etwa zum Zielen.

Identität
Die gesamten Merkmale einer Person oder Sache. Wenn man eine andere Identität annimmt, tut man so, als sei man ein Anderer.

Immunität
Fähigkeit des Körpers, Krankheiten oder Giften zu widerstehen.

Levitation
Schwebender Flug.

Partikel
Einheiten von Materie oder Energie.

Radioaktiv
Etwas, das eine gefährliche Energie namens Strahlung abgibt oder erzeugt.

Serum
Mittel, das auf den Körper wirkt.

Skrupellos
Wenn man ohne Gewissen handelt.

Sozialarbeiter
Jemand, der sich um Leute kümmert, denen es schlecht geht.

Teleportieren
Sofort durch den Raum oder durch Dimensionen reisen.

Unhold
Böser Mensch, furchterregendes Ungeheuer.

Zielerfassungssysteme
Technik, die ein Ziel anschaut und nicht mehr verliert.

LESESTUFE 2

DK SUPERLESER!
LESE-STUFE 2
Annas Safari-Tagebuch

DK SUPERLESER!
LESE-STUFE 2
Die geheime Welt der Haie

DK SUPERLESER!
LESE-STUFE 2
STAR WARS
DIE GESCHICHTE VON DARTH VADER

DK SUPERLESER!
LESE-STUFE 2
STAR WARS
MUTIGE HELDEN

DK SUPERLESER!
LESE-STUFE 2
Expedition zum Mars

DK SUPERLESER!
LESE-STUFE 2
Kampf um Burg Eliot

DK SUPERLESER!
LESE-STUFE 2
STAR WARS
RAUMSCHIFFE DER GALAXIS

DK SUPERLESER!
LESE-STUFE 2
WOOZLE GOOZLE
WUNDER DER WELT

DK SUPERLESER!
LESE-STUFE 2
Klassenfahrt in den Wald

DK SUPERLESER!
LESE-STUFE 2
Mats und Pia retten eine Robbe

DK SUPERLESER!
LESE-STUFE 2
Paul im Fußballcamp

DK SUPERLESER!
LESE-STUFE 2
MARVEL
SPIDER-MAN
SUPERHELDEN UND SUPERSCHURKEN